BEI GRIN MACHT SICH IHR WISSEN BEZAHLT

- Wir veröffentlichen Ihre Hausarbeit, Bachelor- und Masterarbeit

- Ihr eigenes eBook und Buch - weltweit in allen wichtigen Shops

- Verdienen Sie an jedem Verkauf

Jetzt bei www.GRIN.com hochladen und kostenlos publizieren

Bibliografische Information der Deutschen Nationalbibliothek:

Die Deutsche Bibliothek verzeichnet diese Publikation in der Deutschen National-
bibliografie; detaillierte bibliografische Daten sind im Internet über http://dnb.d-
nb.de/ abrufbar.

Dieses Werk sowie alle darin enthaltenen einzelnen Beiträge und Abbildungen
sind urheberrechtlich geschützt. Jede Verwertung, die nicht ausdrücklich vom
Urheberrechtsschutz zugelassen ist, bedarf der vorherigen Zustimmung des Verla-
ges. Das gilt insbesondere für Vervielfältigungen, Bearbeitungen, Übersetzungen,
Mikroverfilmungen, Auswertungen durch Datenbanken und für die Einspeicherung
und Verarbeitung in elektronische Systeme. Alle Rechte, auch die des auszugsweisen
Nachdrucks, der fotomechanischen Wiedergabe (einschließlich Mikrokopie) sowie
der Auswertung durch Datenbanken oder ähnliche Einrichtungen, vorbehalten.

Impressum:

Copyright © 2015 GRIN Verlag, Open Publishing GmbH
Druck und Bindung: Books on Demand GmbH, Norderstedt Germany
ISBN: 9783668420748

Dieses Buch bei GRIN:

http://www.grin.com/de/e-book/356230/facebook-vs-twitter-der-direkte-vergleich

Anonym

Facebook vs. Twitter. Der direkte Vergleich

GRIN Verlag

GRIN - Your knowledge has value

Der GRIN Verlag publiziert seit 1998 wissenschaftliche Arbeiten von Studenten, Hochschullehrern und anderen Akademikern als eBook und gedrucktes Buch. Die Verlagswebsite www.grin.com ist die ideale Plattform zur Veröffentlichung von Hausarbeiten, Abschlussarbeiten, wissenschaftlichen Aufsätzen, Dissertationen und Fachbüchern.

Besuchen Sie uns im Internet:

http://www.grin.com/

http://www.facebook.com/grincom

http://www.twitter.com/grin_com

Einsendeaufgabe

Facebook vs. Twitter

SRH FernHochschule Riedlingen

Modul: New Media Management

Studiengang: Medien- und Kommunikationsmanagement

Inhaltsverzeichnis

Einleitung

Problemstellung / Fazit

Abbildungsverzeichnis

Tabellenverzeichnis

Internetquellenverzeichnis

Bildverzeichnis

Einleitung

Es ist nicht mehr zu leugnen, dass sich die Gesellschaft immer mobiler und interaktiver entwickelt. Jede Informationslücke wird blitzschnell durch kurzes „googeln" gefüllt und jedes Treffen im Café oder im Restaurant wird sorgfältig online dokumentiert oder neuerdings sogar bewertet. Ist sich der Durchschnittskunde bei einem Kauf oder einer Buchung unsicher, wird nicht mehr erst der Verkäufer nach seiner Meinung gefragt sondern gerne auch die verschiedenen User zahlreicher Bewertungsportale. Wird beispielsweise ein neuer potenzieller Kosmetik-Dienstleister gesucht, wird zunächst die Internet-Präsenz auf Kommentare, Bilder und Rezensionen untersucht. Die Anzahl der Follower sagt einiges über ein Unternehmen bzw. Dienstleister aus. Je beliebter, gepflegter und aktueller der Social Media Auftritt, desto besser das Image und desto eher kann Professionalität erwartet werden. Denn nur ein modernes und kundenorientiertes Unternehmen weiß die Kraft der Social Media Plattformen zu schätzen und zu nutzen. Die neuen Medien bieten dem Interessenten, Kunden und Unternehmer neue Möglichkeiten sich schnell zu verbinden und den Kontakt aufrecht zu erhalten und diesen zusätzlich zu stärken. Es wird schnell, direkt und offen kommuniziert. Die positiven als auch die negativen Erfahrungen werden gleichermaßen mit der Community geteilt. Die aktuellsten Nachrichten werden mit allein 140 Zeichen via Twitter durch die Welt gezwitschert. Doch nicht nur die Informationsgier treibt Millionen Menschen tag täglich in die virale Welt sondern auch das Verlangen unterhalten zu werden, durch schöne Bilder, ergreifende Geschichten oder wissenswerte Tipps. Auch die Suche nach neuen Kontakten und Bekanntschaften wird immer häufiger online vollzogen. Ganz gleich ob für private oder berufliche Zwecke.

In der nachfolgenden Einsendeaufgabe werden die beiden Social Media Riesen „Facebook" und „Twitter" unter die Lupe genommen und verglichen.

1. Organisation und Strategie (7 Seiten ohne Bilder)

1.1. Steckbrief: Facebook [1]

Unternehmen:	Facebook Inc.
Rechtsform:	Aktiengesellschaft
Sitz:	Palo Alto, Kalifornien, Vereinigte Staaten Amerika
Gründungsjahr:	2004
Management:	**Mark Zuckerberg**, Founder & Chief Executive Officer
	Sheryl Sandberg, Chief Operating Officer
	David A. Ebersman, Chief Financial Officer
	Mike Schroepfer, Chief Technology Officer & Vice President of Engineering
Produkt:	Soziales Netzwerk
Branche:	Medien
Belegschaft:	10.955 Beschäftigte Weltweit (Stand: 30. Juni 2015)

Die selbst ernannte **Mission** von Facebook lautet: *"Seit der Gründung im Jahre 2004 ist Facebook's Mission Menschen die Kraft zu geben Bilder zu teilen, die Welt zu öffnen und zu verbinden. Menschen nutzen Facebook um mit Freunden und Familien in Verbindung zu bleiben, um zu entdecken was in der Welt vor sich geht und um auszudrücken und zu teilen was Ihnen wichtig ist."*

Abbildung 1: Grafik des „Newsfeeds" der mobilen Facebook App (Quelle: https://newsroom.fb.com/products/)

---

[1] URL: http://newsroom.fb.com/company-info/ (Stand: 17.10.2015)

Unternehmen die zu Facebook Inc. gehören [2]

Facebook besitzt und betreibt die nachfolgend aufgeführten Unternehmen, um die Aktivitäten der User zu erleichtern, zu unterstützen, zu integrieren und um die Dienste im Allgemeinen zu verbessern.

Logo	Beschreibung
Entfernt aus urheberrechtlichen Gründen	**Atlas** (Werbevermarkter) hilft Vermarkter und Werbetreibende echte Menschen zu erreichen mit echten Ergebnissen. (Für weitere Informationen: atlassolutions.com)

Instagram LLC ist ein Online Dienst zum Teilen von Fotos und Videos. Die Besonderheit ist, dass die Nutzer vor dem hochladen der Bilder, diese mit Filtern bearbeiten können. (Für weitere Informationen: instagram.com

Die ios-App "**Jibbigo Translator**" übersetzt gesprochene oder geschriebene Texte in eine von zwölf Fremdsprachen. (Für weitere Informationen: jibbigo.com)

Onavo App helfen dem Nutzer die Kontrolle über ihr Smartphone und über ihr Tablet zu erhalten z.b. durch Date- und Speicherkontrolle. (Für weitere Informationen: onavo.com)

Parse ist eine Cloud auf der Applikationen betrieben werden können. (Für weitere Informationen: parse.com)

Moves ist eine App die Ihre Schritte und andere sportliche Aktivitäten dokumentiert. (Für weitere Informationen: moves-app.com)

Oculus produziert so genannte VR-Geräte (Headset, Kopfhörer und Joystick) mit denen jeder in eine virtuelle Realität eintauchen kann. (Für weitere Informationen: oculus.com)

LiveRail ist eine führende Monetarisierungsplattform für Verlage, Rundfunkanstalten und mobile App-Entwickler. (Für weitere Informationen: liverail.com)

WhatsApp Inc. Der WhatsApp Messenger ist eine plattformübergreifende mobile Nachrichten App, die es ermöglicht, Nachrichten aufgrund der Internetverbindung kostenlos auszutauschen. (Für weitere Informationen: whatsapp.com)

---

[2] URL: https://www.facebook.com/help/111814505650678 (Stand: 17.10.2015)
URL: http://www.iphonetunes.com/images22/Jibbigo-logo.jpg (Stand: 17.10.2015)
URL: https://d0.awsstatic.com/logos/customers/parse-logo.png (Stand: 17.10.2015)

Steckbrief: Twitter [3]

Unternehmen:	Twitter Inc.
Rechtsform:	Aktiengesellschaft
Sitz:	San Francisco, Kalifornien, Vereinigte Staaten Amerika
Gründungsjahr	2006
Management:	**Jack Dorsey**, Founder & Chief Executive Officer (CEO)
	Adam Bain, President Global Revenue & Partnerships
	Robert Kaiden, Chief Accounting Officer
	Adam Messinger, Chief Technical Officer (CTO)
	Anthony Noto, Chief Financial Officer (CFO)
Produkt:	Mikroblogging-Dienst
Branche:	Medien
Belegschaft:	4.100 Beschäftigte weltweit davon 50% Techniker (Stand: 30. Juni 2015)

Als **Ziel** setzt sich Twitter: „*[...] jedem die Möglichkeit zu geben, seine Ideen und Informationen sofort über Grenzen hinweg zu teilen.*" Jedoch werden im Internet gerne Grenzen überschritten daher stellt Twitter eigene Regeln für das Verwenden Ihres Mikroblogging-Dienstes auf. Einige Regeln lauten wie folgt:

- **Identitätsbetrug**: Du darfst Dich auf Twitter nicht als eine andere Person ausgeben, um (zu versuchen) andere zu täuschen, fehlzuleiten oder zu hintergehen.
- **Private Informationen**: Du darfst keine privaten und vertraulichen Informationen anderer Personen veröffentlichen oder posten, beispielsweise Kreditkartennummern, Anschriften oder Sozialversicherungs-/Personalausweisnummern, wenn diese Personen es Dir nicht ausdrücklich erlaubt haben. Du darfst keine intimen Fotos oder Videos posten, die ohne Einwilligung der jeweiligen Person aufgenommen oder verbreitet wurden.
- **Gewalt und Drohungen**: Du darfst keine Gewaltandrohungen gegen andere veröffentlichen oder posten oder Gewalt gegen andere fördern.

---

[3] URL: https://about.twitter.com/de/company (Stand: 17.10.2015)

1.3. Gemeinsamkeiten und Unterschiede von Facebook und Twitter

Zunächst ist festzuhalten, dass sowohl Facebook als auch Twitter die Unternehmen unter der gleichen **Unternehmensform** – die Aktiengesellschaft - führen. Im englischen zeichnet das Kürzel „Inc." (ausgeschrieben: *incorporated* im dt. *inkorporiert/ eingetragen*) die Unternehmensform „Aktiengesellschaft" aus. Die **Vorteile** einer **Aktiengesellschaft** sind klar zu definieren und zwei der Vorteile lauten: [4]

- mit dieser Unternehmensform, *haftet* der Unternehmer allein mit seinem *Gesellschaftsvermögen*. Sein Privatvermögen wird nicht angerührt.
- Der *Börsengang* ermöglicht weitere *Eigenkapitalfinanzierungen*. Dies führt zur *Unabhängigkeit* von Bankkrediten.

Beide Social Media Dienste haben vor wenigen Jahren den Gang an die **Börse** gewagt. **Facebook** startete im Jahre 2012 mit einem Ausgabekurs von *38 US-Dollar* und erzielte *16 Mrd. US-Dollar* und sicherte sich damals den Titel „größter Börsengang eines Internetunternehmens". Der Erfolg hielt jedoch nicht lange an und der Kurs sank nach wenigen Monaten auf *19 US-Dollar.* [5] *(Kurs am 30.10.15: 92,47 EUR)*

Der Kurznachrichtendienst **Twitter** wagte den Gang an die Börse ein Jahr später, im November 2013 und startete mit einem Ausgabekurs von *26 US-Dollar.* Im Gegensatz zum Börsengang seines Konkurrenten war dieser Gang an die Börse ein voller Erfolg. Nach kürzester Zeit stieg der Kurs auf *50 US-Dollar* an,sank jedoch schlussendlich auf *44,90 US-Dollar.* [6] *(Kurs am 30.10.15: 25,81 EUR)*

---

[4] URL: http://www.gruenderkueche.de/fachartikel/ag-gruenden-schritte-zur-gruendung-einer-aktiengesellschaft/ (Stand: 18.10.2015)
[5] Spiegel.de: „*Börsengang: Facebook-Aktien kosten 38 Dollar.*" URL: http://www.spiegel.de/wirtschaft/unternehmen/eroeffnungskurs-von-facebook-bei-38-dollar-pro-aktie-a-833731.html (Stand: 18.10.2015)
[6] Rüdel, N. Handelsblatt: "*Die neue Aktie startet furios.*" URL: http://www.handelsblatt.com/finanzen/maerkte/aktien/twitter-boersengang-die-neue-aktie-startet-furios/9045588.html (Stand: 18.10.2015)

Es ist nicht von Bedeutung wer die Dienste von Facebook oder Twitter nutzen möchte, ob Unternehmen, Prominente oder eine private Personen, jeder ist der (kostenlosen) Registrierung verpflichtet. Eine Nutzung ohne eine Registrierung ist nicht möglich, darin sind sich beide einig. Es gibt jedoch einige Funktionen die beide Dienste voneinander unterscheiden lassen, doch dazu werden unter „**3.1. Technische Anwendungen und Funktionen**" detaillierte Informationen folgen.

Was beide Dienste eindeutig **gemeinsam** teilen sind ihre **Ziele**: sowohl Twitter als auch Facebook möchten mithilfe ihrer Dienste, die Welt durch Grenzen hinweg verbinden und jedem Nutzer Gehör (durch Posts/ Tweets) und auch Informationen (durch Newsfeeds/ Tweets) verschaffen. Das gelingt beiden Social Media Riesen auch ziemlich gut: [7]

968 Millionen
aktive Nutzer
täglich
4.5 Milliarden
"Likes" täglich
1.500
Beiträge
täglich im "Feed"
zu sehen
(Durchschnitt je
Nutzer)

Facebook

16 Millionen
aktive Nutzer
täglich
500 Millionen
Tweets täglich

Twitter

Abbildung 2: Fakten über die tägliche Nutzung und Reichweite von Facebook und Twitter (Quellen: offizielle Webseiten)

Es sind genau diese Zahlen die Investoren und Unternehmen sehen möchten. Zahlen die eine hohe Reichweite und möglichen Erfolg versprechen. Aber auch für die Nutzer gewinnt ein Social Media Dienst an Attraktivität, wenn dieser bei den Usern beliebt ist. Denn die meisten Menschen sind nicht nur neugierig sondern gehören gerne einer Gemeinschaft an.

---

[7] URL: http://blog.wishpond.com/post/115675435109/40-up-to-date-facebook-facts-and-stats (Stand: 18.10.2015)
URL: https://about.twitter.com/company (Stand: 18.10.2015)

Doch viele aktive Nutzer bedeuten automatisch hohe Kosten, nicht nur weil beide gemeinsam über 15.000 Mitarbeiter weltweit beschäftigen, die natürlich auch Vergütet werden müssen. Sondern insbesondere weil sich beide Plattformen allein durch Werbeeinnahmen finanzieren und sie ihre Dienste aufgrund dessen so attraktiv wie möglich gestalten müssen.

Um erfolgreich zu wirtschaften, benötigt jedes Unternehmen eine Markt-strategie. Nun stellt sich die Frage, wie diese bei Facebook und Twitter aus? Bei einer **Marktstrategie** muss zunächst der Markt analysiert und die eigene Position ermittelt werden. Daher zunächst ein kleiner Einblick über den momentanen „Social Media Markt":

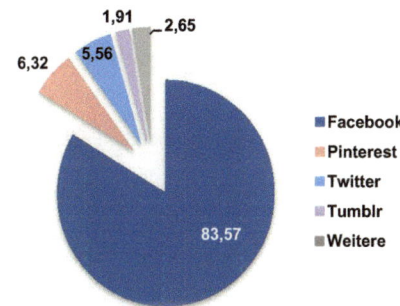

Abbildung 3: Marktanteile nach Seitenaufrufen mit Desktop, Mobile und Tablet Geräten (Januar – Juli 2015) (Quelle: http://de.statista.com ID: 241601)

Wie unschwer zu erkennen ist, führt Facebook mit sehr hohem Abstand den Markt. Das ist jedoch bei der hohen täglichen aktiven Userzahl nicht verwunderlich. Doch um einen derartig hohen Erfolg zu generieren, muss dem Nutzer auch einiges geboten werden. Was das Angebot an vielfältigen Funktionen betrifft, bietet Facebook nun mal die größte und breiteste Auswahl. Um auch Unternehmen anzulocken, greift Facebook auf Slogans wie *„Triff die Personen, denen dein Unternehmen gefallen wird"* zurück. [8] Twitter hingegen versucht es mit reizvollen Versprechungen wie: „Mehr Website-Traffic", „Relevante Follower" oder „Mehr App Downloads". [9]

---

[8] URL: https://www.facebook.com/business (Stand: 19.10.2015)
[9] URL: https://business.twitter.com/de/home (Stand: 19.10.2015)

8

Die Zielgruppen

Twitter ist „*die Cocktail Party des Internets*", so amüsant beschreibt es zumindest Gary Vaynerchuk (Unternehmer, Youtube-Star). Twitter sei „*der perfekte Ort um zu zuhören, zu lernen und um sich mit dem Publikum zu unterhalten*". [10] Mithilfe der Hashtags (#), eignet sich Twitter hervorragend um je nach Thema zu recherchieren. [11] Dennoch wurde der Mikroblogging-Dienst in wenigen Jahren von neuen Internet-Diensten eingeholt. Laut dem *Pew Research Center's Teen Relationships Survey* belegt Twitter bei den „**Top Social Media Plattformen**" gerade einmal Platz vier der meistgenutzten Internet-Plattformen. Auf der Spitze des Rankings hält sich Facebook mit 71 Prozent standhaft, gefolgt von Instagram mit 52 Prozent auf Platz zwei und Snapchat belegt mit 41 Prozent Platz drei. Hierbei ist anzumerken, dass die Online-Plattformen Instagram und Snapchat erst seit 2010 bzw. 2011 auf dem Markt sind jedoch bereits in der Top 3 vertreten sind. [12]

Neben den Unternehmen, die hinsichtlich der Werbeeinnahmen eine wesentliche Zielgruppe darstellen, sind die Nutzer als Zielgruppe um einiges bedeutender. Denn ohne Nutzer, haben die Internet-Plattformen keine Relevanz auf dem Markt und verlieren erfolgsnotwendige Einnahmen.

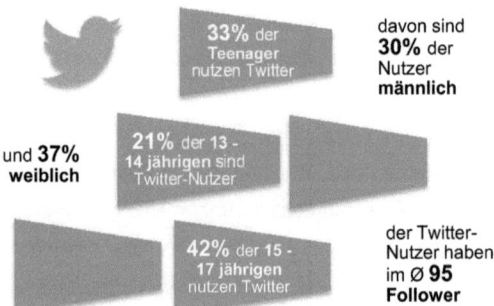

Abbildung 4: Fakten über die Twitter Zielgruppe nach einer Pew Research Center Umfrage (Zeitraum der Umfrage in den USA: 25.09. – 09.10. 2014 und 10.02. – 16.03.2015)

---

[10] URL: https://www.eveosblog.de/2014/04/15/unterschiede-soziale-netzwerke-zielgruppen-vorteile-von-facebook-twitter-googleplus-pinterest/ (Stand: 19.10.2015)
[11] Prof. Dr. Neuberger, C.: „**Twitter und Journalismus** - Der Einfluss des „Social Web" auf die Nachrichten." LfM. 2010. S. 53 (Stand: 19.10.2015)
[12] URL: http://www.pewinternet.org/2015/04/09/teens-social-media-technology-2015/ (Stand: 19.10.2015)

Facebook ist nach Gary Vaynerchuk zwar keine *„Cocktail-Party"*, jedoch *„eine wahre Distributions-Plattform für Inhalte"*. Eine Plattform mit *„den meisten Nutzern und Zielgruppen-Optionen"*. [13]

Diese Aussage wird auch von der *Pew Research Center* Umfrage bestätigt: [14]

Abbildung 5: Fakten über die Facebook von Zielgruppe nach einer Pew Research Center Umfrage (Zeitraum der Umfrage in den USA: 25.09. – 09.10. 14 und 10.02. – 16.03.15)

Kurze **Zusammenfassung**:

	Facebook	Twitter
Aktienkurs:	86,74 EUR	27,46 EUR
Marktanteil:	83,57 Prozent	5,56 Prozent
Zielgruppe:	Bei Teenagern:	Bei Teenagern:
	15 – 17 jährige	15 – 17 jährige
	Insgesamt:	Insgesamt:
	71%ige Nutzung	33%ige Nutzung

Tabelle 1: Kurze Zusammenfassung von Kapitel 1

---

[13] URL: https://www.eveosblog.de/2014/04/15/unterschiede-soziale-netzwerke-zielgruppen-vorteile-von-facebook-twitter-googleplus-pinterest/ (Stand: 20.10.2015)
[14] URL: http://www.pewinternet.org/2015/04/09/teens-social-media-technology-2015/ (Stand: 20.10.2015)

2. Marketing und Erfolg von Facebook und Twitter (4,5 Seiten ohne Bilder)

2.1. Werbeaktivitäten

Facebook verspricht seinen Kunden sie bei der Erreichung der **Geschäftsziele** zu unterstützen, wie z.b. Online-Verkäufe oder die Marktbekanntheit zu steigern. Sie argumentieren mit Aussagen wie *„Du kennst dein Unternehmen"*, *„Wir kennen die Menschen"* und *„Facebook verbindet Unternehmen mit Menschen"*. [15] Diese Verbindungen werden im Zuge der Werbeaktivitäten mit **„Facebook Ads"** hergestellt welche aus drei Elementen bestehen: [16]

Element 1: Facebook Pages/ Seiten

Der „Ausgangspunkt für Marketing auf Facebook ist eine **Seite**", so beschreibt es zumindest Facebook selbst. Denn die öffentlichen Profile (hier: Seiten) verleihen u.a. Unternehmen eine **Stimme** und eine **Präsenz**. Sie stellen eine gute Möglichkeit dar, sich mit den Kunden zu verbinden und seine Ziele zu erreichen. Das tolle an einer Seite ist die Ähnlichkeit der Unternehmensprofile mit den Profilen der  Privatpersonen. Diese Ähnlichkeit stellt eine hervorragende Basis für eine Kommunikation auf gleicher Augenhöhe dar. **Vorteile:** Verbindungen herstellen, Unternehmenspräsenz, Informations-vermittler, Kontaktaufnahmetool, Permanente Benachrichtigung von Neuigkeiten, Reichweiten erzeugen, Sichtbarkeit optimieren.

Element 2: Facebook Beacon

Dieses Toll sendet aus externen Seiten Informationen an Facebook, in der Hoffnung Werbeanzeigen noch ziel-gerichteter zu schalten. Es ermöglicht den Nutzer dabei, seine **Aktivitäten auf fremden Internetseiten** mit Facebook zu verbinden und mit seinen Freunden zu teilen. Beispielsweise kann ein Nutzer (wenn gewünscht und eingewilligt) nach Abschluss einer Urlaubsbuchung diese

---
[15] URL: https://www.facebook.com/business (Stand: 21.10.2015)
[16] URL: http://www.mediadb.eu/datenbanken/onlinekonzerne/facebook-inc.html (Stand: 21.10.2015)
Bild: http://scr3.golem.de/screenshots/1203/facebook-pages-timeline/thumb620/Coldplay-Page.jpg

auf Facebook posten. Zusätzlich bietet Facebook das „**Facebook-Bluetooth®-Beacon**" an was dabei helfen soll Personen, die ein Geschäft besuchen mehr Informationen über dieses auf Facebook angezeigt zu bekommen. Mithilfe der Bluetooth®-Technologie wird ein Signal an die Facebook-App des Kunden gesendet, um diesen geeignete Ortstipps anzuzeigen.

Element 3: Facebook Social Ads

Ermöglicht, dass unter Berücksichtigung der **sozialen Aktivitäten** des Facebook-Freundeskreises, Werbeanzeigen individuell zu-geschnitten werden können. Somit können Anzeigen auf Benutzerprofile zugeschnitten werden.

Ähnlich wie bei Facebook, heißt die Werbeform auf Twitter "**Twitter Ads**". Und auch hier wird es als „Lösung, mit denen Du Deine Geschäftsziele erreichst" verkauft. Eine Anzeigenkampagne auf Twitter soll für: „*Zielgruppen-Aufbau*", „*Website-Traffic und Umsatz*", „*Werbung für die App*" und „*Markenbekanntheit*" sorgen. Und es ist laut Twitter sogar bewiesen, dass Nutzer die einem Unternehmen folgen und positive Erfahrungen mit ihnen sammeln, ihre Erfahrungen viel eher mit ihrem eigenen Netzwerk teilen. Sie retweeten Tweets der Unternehmen und werden mit höherer Wahrscheinlichkeit in Zukunft erneut etwas kaufen. [17]

Wichtig für Unternehmen: [18]

- sich mit aktuellen Gesprächsthemen verbinden
- Verbindungen im richtigen Kontext herstellen
- Das Produkt/ die Dienstleistung im 3-Schritte-Diagramm erklären
- sich deutlich auszudrücken, wie z.B. „*Shop now!*"
- Fragen zu stellen, wie z.B. „*Du brauchst einen Tapetenwechsel?*"
- Verschiedene Art und Weisen des *Twitterns* ausprobieren
- pro Kampagne nur einen Targeting-Typ einzusetzen (die Zielgruppe nach Schlagwörtern, Interesse, Followern oder Verhalten zu definieren)

---

[17] URL: https://business.twitter.com/de/solutions (Stand: 22.10.2015)
[18] URL: https://business.twitter.com/de/campaign-guides/optimize (Stand: 22.10.2015)
Bild: eigener Screenshot (www.facebook.de)

Gesponserte Tweets sind Tweets die nur an Kampagnen-Zielgruppen gerichtet und nur für diese sichtbar sind. Für die üblichen Follower sind sie nicht sichtbar, es sei denn, die eigenen Follower gehören zur Kampagen-Zielgruppe. Gesponsorte  Tweets sind weder in der Timeline, noch in der Suche oder im Profil des Unternehmens auffindbar. Sie sehen jedoch für die angesprochenen Nutzer übliche Tweets aus. [19]

2.2. Erfolgsübersicht

Bisher ist u.a. bekannt wo sich die beiden Social Media Plattformen gemäß ihrer Marktanteile auf dem Markt befinden. Ebenso wurde festgehalten, welche Möglichkeiten sie ihren Kunden bieten um ihre Plattform als Werbefläche zu nutzen. Nun gilt es aufzudecken wie wirtschaftlich beide Internetplattformen arbeiten, sprich wie hoch sind die generierten Umsätze und wie viel Gewinn schöpfen beide aus?

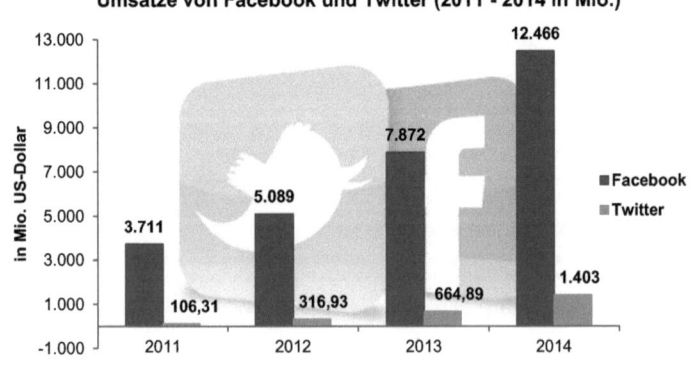

Abbildung 6: Umsätze von Facebook und Twitter im Vergleich von 2011 – 2014 (in Mio. US-Dollar) (Quelle: www.statista.com ID: 223755)

---

[19] URL: https://business.twitter.com/de/help/promoted-only-tweets (Stand: 23.10.2015)
Bild: http://twittersmash.com/wp-content/uploads/2011/07/promoted_tweets_jetblue.jpg
Bild in der Grafik: https://www.northkoreatech.org/wp-content/uploads/2014/11/twitter_facebook.jpg

Wie unschwer zu erkennen ist, liegt Facebook mit seinen Umsatzzahlen meilenweit vor Twitter. Mit dieser hohen Differenz ist es sinnvoller Vergleich nicht möglich. Jedoch ist anzumerken, dass es **Facebook** gelang innerhalb von vier Jahren seinen Umsatz fast zu vervierfachen. Der größte Umsatzschwung in nach oben gelang es ihnen von 2013 (7.872 Millionen US-Dollar Umsatz) auf 2014 (12.466 Millionen US-Dollar Umsatz) mit einer Steigerung von fast 37 Prozent. Die Umsatzentwicklung von **Twitter** scheint neben den gigantischen Balken von Facebook auf dem ersten Blick nicht erwähnenswert. Doch schaut man sich die Zahlen genauer an, schaffte es Twitter, seinen Umsatz von 2011 mit 106 Millionen US-Dollar auf 1.403 Millionen US-Dollar Umsatz zu steigern – dass ist eine dreizehnfache Steigerung.

Gewinn-Entwicklung Facebook (2008 - 2014)

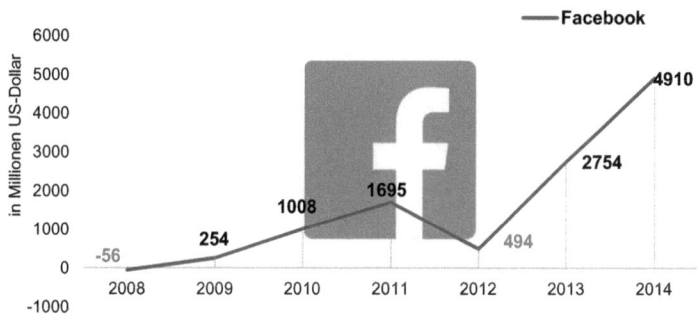

Abbildung 7: Gewinn-Entwicklung von Facebook ab 2008 bis 2014 (in Mio. US-Dollar) (Quelle: www.statista.com ID: 193386)

Wie gerade entdeckt, hat Facebook eine beispielhafte Umsatz-entwicklung vorzuweisen und erreicht mittlerweile jährlich fast 13 Milliarden US-Dollar Umsatz. Das ist eine beträchtliche Summe für ein Online Dienst was „eigentlich" nur dazu da ist um die Welt zu verbinden. Doch grandiose Umsatzzahlen bedeuten nicht immer gleich grandiose Gewinne. Das wird besonders in dem nachfolgenden Diagramm von Twitter deutlich. Doch im Falle von Facebook sind auch die EBITDA (earnings before interest, taxes, depreciation and amortization) Zahlen trotz eines plötzlichen Gewinn-Einbruchs im Jahre 2012, nach nur einem Jahr Erholung wieder vorzeigbar.

Gewinn-Entwicklung Twitter (2010 - 2014)

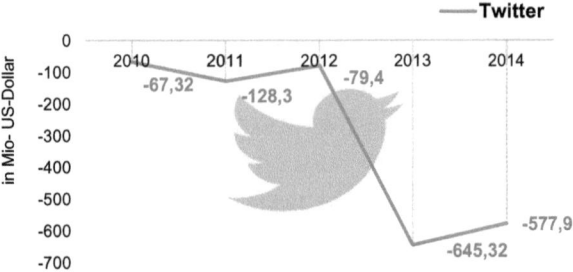

Abbildung 8: Gewinn-Entwicklung von Twitter ab 2010 bis 2014 (in Mio. US-Dollar) (Quelle: www.statista.com ID: 274554)

Wie vorhin bereits erwähnt, bedeuten die positiven Umsatzzahlen die Twitter vorweisen kann, nicht automatische auch Gewinn-Erzielung. Twitter hatte es von Beginn an nicht leicht und konnte seit der Gründung keine Gewinne erzielen. Im 2013 erreichte Twitter sogar ein Verlust von über 600 Millionen US-Dollar.

2.3. Nutzeranalyse

Werbeeinnahmen pro Nutzer (Quartalswerte 2013 und 2014)

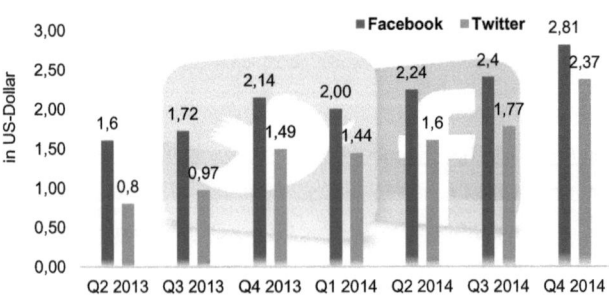

Abbildung 9: Werbeeinnahmen pro Nutzer (Quartalswerte von 2013 und 2014 in US-Dollar) (Quelle: www.statista.com ID: 309190 und 309195)

Was die Werbeeinnahme pro Nutzer betrifft, erzielt Twitter pro Nutzer äußerst solide Einnahmen. Hier ist die Differenz zum Umsatz- und Gewinnkönig Facebook vergleichsweise gering.

Facebook-Nutzer verwenden die Dienste des Social-Media-Riesen für verschiedene Zwecke, doch in erster Linie um mit Menschen in Verbindung zu bleiben. Außerdem nutzen sie Facebook um sich mit einem eigenen Profil und eigenen Beiträgen in ihrem sozialen Netzwerk zu profilieren. Aufgrund der vielfältigen Verwendungsmöglichkeiten sind fast alle Altersgruppen unter den Facebook-Nutzern vertreten.

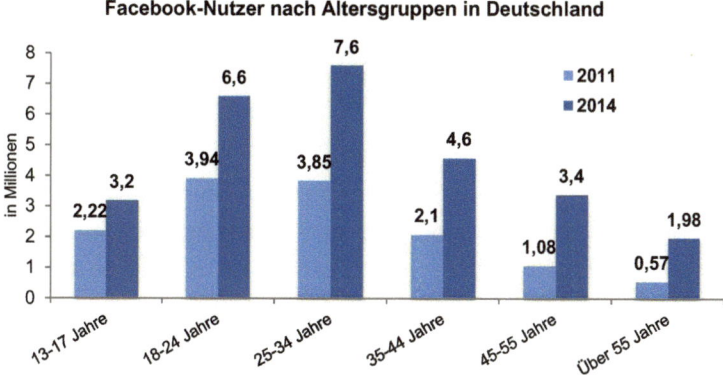

Abbildung 10: Facebook-Nutzer nach Altersgruppen in Deutschland (in Mio.) (Quelle: www.statista.com ID: 162786)

Innerhalb von drei Jahren konnte Facebook in jeder Altersgruppe ein Wachstum von mindestens einer Millionen Nutzern erreichen. In der Altersgruppe 25 bis 34 Jahren erreichte Facebook das größte Nutzer-Wachstum mit 3,75 Millionen Nutzern. Auch die Zugangsart der Facebook-Nutzer ist für die Entwicklung von

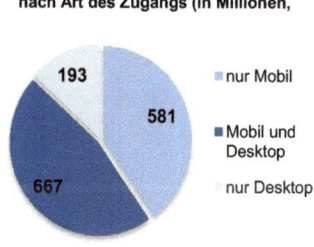

Facebook von hoher Bedeutung. Wie die Grafik zur linken Seite zeigt nutzen 581 Millionen Nutzer Facebook allein mit Mobilen Endgeräten. Die Nutzung von Facebook allein durch Desktop-Geräte hat in den vergangenen Jahren an Bedeutung verloren. Denn im Jahre 2013 waren es noch 359 Millionen Nutzer weltweit.

Abbildung 11: Monatliche aktive Facebook-Nutzer weltweit nach Zugangsart (Quelle: www.statista.com ID: 318748)

Täglich aktive Nutzer weltweit nach Regionen

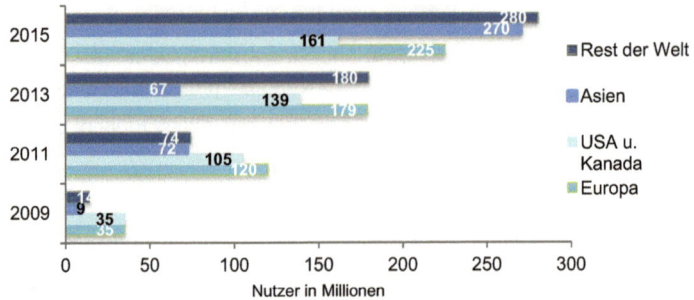

Abbildung 12: Anzahl der täglich aktiven Nutzer weltweit nach Region (in Mio.) (Quelle: www.statista.com ID: 251800)

Auch die Entwicklung der Facebook-Nutzerzahlen **je nach Regionen** hat sich in den vergangen Jahren (in einigen Regionen) immens verändert. Den größten Boom konnte Facebook in „Asien" und in „Rest der Welt" erzielen. So lagen hier die Nutzerzahlen 2009 noch zwischen 9 und 14 Millionen, jedoch drei später bereits bei über 70 Millionen Nutzern. Die geringste Entwicklung ist in der Region „USA und Kanada" festzustellen, mit einem Wachstum von nur 22 Millionen Nutzern innerhalb von drei Jahren. Ebenfalls Interessant ist die Nutzer-Analyse je nach Jahreseinkommen. Das *Pew Research Center* hat auch hierzu interessante Ergebnisse vorzuweisen. Die Mehrheit der Twitter-Nutzer gab an im Jahr mindestens 75.000 US-Dollar zu verdienen.

Twitter-Nutzer nach Jahreseinkommen in Prozent (USA, 2015)

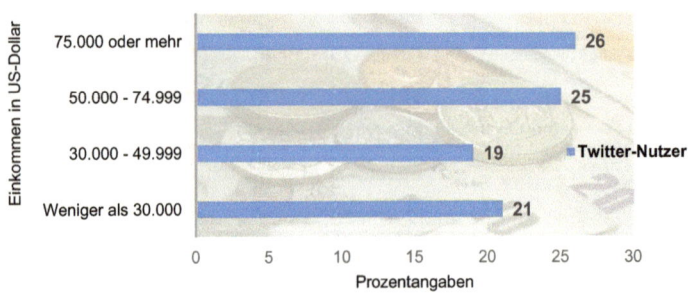

Abbildung 13: Twitter-Nutzer nach Jahreseinkommen in Prozentangaben (USA, 2015) (Quelle: Pew Research Center – Teens social media technology 2015)

Twitter-Nutzer nach Bildungsgrad (in Prozent, USA, 2015)

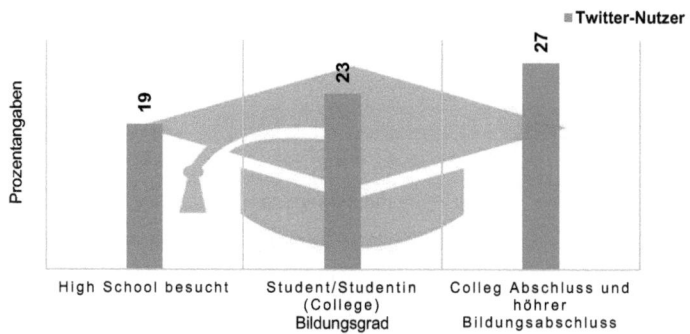

Abbildung 14: Twitter-Nutzer nach Bildungsgrad in Prozentangaben (USA, 2015) (Quelle: Pew Research Center – Teens social media technology 2015)

Auch was den Bildungsgrad der Twitter-Nutzer in Amerika betrifft, hat die Mehrheit einen College Abschluss oder einen höheren Bildungsabschluss vorzuweisen.

In den USA ist Twitter ein etablierte Social Media Plattform mit über 50 Millionen Nutzern. In Europa und vor allem in Deutschland konnte sich Twitter noch nicht beweisen. Hier nutzen gerade einmal 3,7 Millionen Internet-User Twitter. Bis 2018 wird eine deutsche Nutzerschaft von 5,3 Millionen Nutzern prognostiziert.

Prognose Twitter-Nutzeranzahl bis 2018 in Millionen

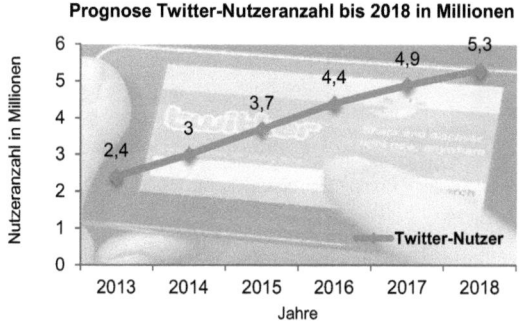

Abbildung 15: Prognose der Twitter-Nutzeranzahl in Deutschland bis 2018 (in Mio.) (Quelle: www.statista.com ID: 370490)

3. Technik und Entwicklung (4 Seiten ohne Bilder)

3.1. Technische Anwendungen und Funktionen

	Facebook	Twitter
Eigenschaften:	Freunde, Fans, Pinnwand, Neuigkeiten, Fan Seiten, Gruppen, Apps, Live Chat, Gefällt mir-Angabe (Likes), Fotos, Videos, Texte, Umfragen, Links, Status, Anstupsen, Geschenke, Spiele, Nachrichten, Kleinanzeigenabschnitte, Hoch- und runterladen von Dateien etc.	„Tweet" (Kurznachricht), „Retweet" (Wiedergeben einer Kurznachricht), Direktnachricht, Personen folgen, Trending Topic (Beliebte Stichwörter), Links, Bilder und Videos
Registration:	Erforderlich	Erforderlich
Nutzer können Beiträge:	Liken, Teilen und kommentieren	Tweeten und Retweeten
Sprachen:	70	29
Freunde hinzufügen:	Ja	nein
Personen folgen:	Ja	ja
Beitragslänge:	Ohne Limit	140 Zeichen
Beiträge bearbeiten:	Ja	nein
Nutzer erwähnen:	Den Namen schreiben	Ein „@" vor dem Nutzernamen setzen

Tabelle 2: Facebook vs. Twitter – Comparison chart (Quelle: www.diffen.com)

Die oben aufgeführte Tabelle zeigt die wesentlichen Funktionen und Eigenschaften der beiden Social-Media-Plattformen im Vergleich. In diesem Kapitel werden jedoch noch weitere Funktionen näher betrachtet und verglichen.

Twitter   Facebook

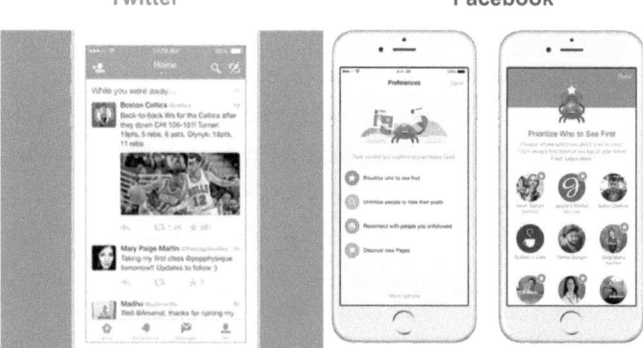

Abbildung 16: Bilder der „Timeline Highlights" von Twitter und der Facebook-Einstellung „Priorisierte Neugikeiten" (Quelle: siehe Quellenverzeichnis)

Diese Abbildung zeigt die Funktion „**Timeline Highlights**" von Twitter sowie die „**Priorisierten Neuigkeiten**" von Facebook. Mit dieser Funktion kann der Nutzer entscheiden, welche Beiträge er von welchen Personen/ Seiten als erstes nach dem Login sehen möchte. Ganz gleich wann die Beiträge veröffentlicht wurden. Wichtig ist, dass es sich um Beiträge handelt, die von der priorisierten Person/ Seite veröffentlich worden sind, die der Nutzer jedoch noch nicht gesehen hat.

Die berühmteste und beliebteste Funktion von Twitter ist das **Hashtag „#"**. Wie bereits erwähnt, werden mit der Raute Taste Stichwörter gesetzt die im Idealfall im Zusammenhang zum Beitrag stehen. Ein ganz besonderer Tweet sorgte weltweit für Schlagzeilen: das berühmte Selfie während der Oscar Verleihung 2014. Dieser Beitrag erreichte über **3 Millionen Retweets** und über **2 Millionen** Twitter-Nutzer **favorisierten** das Bild, welches Live von und mit berühmten Schauspielern aufgenommen wurde. Hier wurde ein simples „**#oscars**" verwendet.

Abbildung 17: Oscar-Selfie 2014 (Twitter)

Sollte ein Nutzer weitere Beiträge über die Verleihung sehen wollen, würde ein einziger Klick auf das Schlagwort genügen und alle weiteren Beiträge mit dem gleichen Hashtag würden sofort erscheinen.

Abbildung 17: URL: https://twitter.com/theellenshow/status/440322224407314432

Tag täglich, wenn nicht sogar stündlich werden die „**Trending Topics**" ausgewertet. Die Auswertung wir in Form einer Auflistung der beliebtesten Schlagwörter dargestellt. Auch auf Facebook ist das „Hashtag" setzen seit zwei Jahren möglich[20], jedoch hat es dort nicht eine dermaßen große Bedeutung wie bei der Nutzung von Twitter. Da Twitter in erster Linie für Neuigkeiten bzw. kurze Meinungsäußerungen verwendet wird. Die Presse nutzt es besonders gerne für Breaking News aus aller Welt.

Außerdem helfen beide Social-Media Platt-formen, dass der Nutzer auf mögliche Freunde/ Bekanntschaften oder auf neue Prominente, Organisationen oder Unternehmen stößt und diese folgt. Je nachdem wem der Nutzer folgt (Twitter) oder wie viele gemeinsame Freunde er mit jemandem hat, werden mögliche Freunde (Facebook) oder Bekanntschaften vor-geschlagen. Dabei können Vorschläge auch gesponsert sein, so wie es die Grafik rechts von Twitter zeigt. Hier wird unter „Wem folgen?" „Turkey.Home" als gesponserter Vorschlag aufgeführt.

Die neusten technischen Funktionen und Anwendung sind bei **Facebook**:

- „**Live**"-**Übertragung** (Prominente Facebook-Nutzer können sich Live per Videoübertragung zu den Fans schalten.)
- „**An diesem Tag**" (Dem Nutzer werden Beiträge gezeigt, die er genau an dem Tag vor einem Jahr gepostet hat, mit der Möglichkeit sie erneut zu teilen.)
- „**For your information**" (Zukünftig sollen Facebook Nutzer ebenso schnell wie auf Twitter über Ereignisse aus aller Welt informiert werden.)

---

[20] URL: http://www.spiegel.de/netzwelt/web/facebook-fuehrt-hashtags-zur-markierung-von-themen-ein-a-905430.html (Stand: 25.10.2015)
Bild: Screenshot der eigenen Twitter Vorschläge (Quelle: eigenes Twitter Profil)

Neuste **Twitter**-Funktionen: [21]

- **kein 140-Zeichen Limit** für Privatnachrichten (Privatnachrichten können nun länger sein als Tweets und dürfe 140-Zeichen überschreiten)
- **Direktnachrichten verschicken ohne „Folgen" zu müssen** (Es ist nicht mehr zwingend notwendig jemand zuerst folgen zu müssen, um der Person/ dem Unternehmen eine Direktnachricht zu schicken)
- Private Gruppenunterhaltungen (Sind nun seit Anfang 2015 auch bei Twitter möglich)
- **Direkte Videoaufnahme**, -bearbeitungen und -veröffentlichung via Twitter

Kurze **Zusammenfassung bzgl. Funktionen und Anwendungen:**

	Facebook	Twitter
Freunde	Ja	nein
Pinnwand	Ja	Ja
Neuigkeiten/ Timeline	Ja	ja
Fan-Seiten	Ja	Nein
Gruppen	Ja	Nein
Live-Übertragung	Ja	Nein
Apps	Ja	Nein
Chat	Ja	Ja
Like/ Favorite	Ja	Ja
Fotos, Video, Texte teilen	Ja	Ja
Umfragen	Ja	Nein
Anstupsen	Ja	Nein
Geschenke	Ja	Nein
Spiele	Ja	Nein
Trending Topics	Nein	Ja

Tabelle 3: Zusammengefasster Vergleich der Funktion und Anwendungen von Facebook und Twitter

---

[21] URL: http://onlinemarketing.de/news/facebook-twitter-neue-funktionen-fuer-deinen-social-media-kundenservice
https://blog.twitter.com/de/2015/jetzt-neu-bei-twitter-private-gruppen-unterhaltung-und-videokamera-f-r-unterwegs (25.10.2015)

Problemstellung / Fazit

Nach dem Vergleich der beiden Internet-Plattformen u.a. hinsichtlich Marktposition, Werbeaktivitäten, Finanzen, Nutzerzahlen und technischen Anwendungen ist festzuhalten, dass beide Vorzüge und hohe Reichweiten genießen. Sie sind beide für den Social Media Markt von großer Bedeutung, auch wenn Facebook natürlich deutlicher Marktführer ist. Mark Zuckerberg und sein Team schafften es, das vielfältige Angebot schnell und weltweit zu verbreiten. Es ist das meist genutzte, meist besuchte und beliebteste Social Media Dienst auf dem heutigen Markt. Es bietet dem Nutzer das rundum Paket und kann durch die hohe Anzahl der User den Kunden wertvolle Daten und vielschichtige Zielgruppen anbieten. Denn genau das ist es, was die „Neuen Medien" auf dem Werbemarkt so erfolgreich machen: das Angebot an Daten und die hohen Reichweiten. Allein Facebook erreicht täglich 936 Millionen aktive Nutzer weltweit. Außerdem ermöglichen sowohl Facebook als auch Twitter den Unternehmen ihre Kunden direkt anzusprechen und mit Ihnen im direkten Austausch zu kommunizieren. Mit ihren Diensten erzielen beide jährliche Umsätze von 4,9 bis zu 12,5 Milliarden US-Dollar und sind nicht zu unterschätzen. Sie gestalten nicht nur das private Leben sondern beeinflussen auch die Presse, die Wirtschaft und den Werbemarkt. Insbesondere beeinflusst Twitter die Arbeit der Journalisten und dient oft als Informationsquelle. Denn mithilfe von Twitter gelingt es kompakte Nachrichten innerhalb kürzester Zeit problemlos zu verbreiten.

Sowohl Facebook als auch Twitter ermöglichen nicht nur den Unternehmen ihre Ziele möglichst optimal zu erreichen sondern bereiten auch den privaten Nutzern viel Freude.

23

Abbildungsverzeichnis

Tabellenverzeichnis

Internetquellenverzeichnis

Bauer, T.: *Facebook & Twitter: Neue Funktionen für deinen Social Media-Kundenservice.* Online Marketing. 2015. URL: http://onlinemarketing.de/news/facebook-twitter-neue-funktionen-fuer-deinen-social-media-kundenservice

Buß, B.: *7. Facebook, Inc.* Institut für Medien- und Kommunikationspolitik. 2015. URL: http://www.mediadb.eu/datenbanken/onlinekonzerne/facebook-inc.html

Falkowski, K.: *Unterschiede der sozialen Netzwerke - Zielgruppen, Inhalte & Vorteile von Facebook, Twitter, Google+ & Pinterest.* Eveosblog. 2014. URL: https://www.eveosblog.de/2014/04/15/unterschiede-soziale-netzwerke-zielgruppen-vorteile-von-facebook-twitter-googleplus-pinterest/

Ho, K.: *41 Up-to-Date Facebook Facts and Stats.* Wishpond. 2015. URL: http://blog.wishpond.com/post/115675435109/40-up-to-date-facebook-facts-and-stats

Kamdar, J.: *Jetzt neu bei Twitter: private Gruppen-Unterhaltung und Videokamera für unterwegs.* Twitter Blog. 2015. URL: https://blog.twitter.com/de/2015/jetzt-neu-bei-twitter-private-gruppen-unterhaltung-und-videokamera-f-r-unterwegs

Lenhart, A.: *Teens, Social Media & Technology Overview 2015.* Pew Research Center. 2015. URL: http://www.pewinternet.org/2015/04/09/teens-social-media-technology-2015/

Rüdel, N.: *Die neue Aktie startet furios.* In Handelsblatt. 2013. URL: http://www.handelsblatt.com/finanzen/maerkte/aktien/twitter-boersengang-die-neue-aktie-startet-furios/9045588.html

Prof. Dr. Neuberger, C.: *Twitter und Journalismus - Der Einfluss des „Social Web" auf die Nachrichten.* LfM. 2010. S. 53. URL: http://www.lfm-nrw.de/fileadmin/lfm-nrw/Publikationen-Download/LfM_Doku38_Twitter_Online.pdf

(o.V) **Facebook for business**: *Marketing auf Facebook.* 2015. URL: https://www.facebook.com/business

(o.V) **Gründerküche:** *Basics AG gründen - Schritt für Schritt zur Aktiengesellschaft*

(AG). 2015. URL: http://www.gruenderkueche.de/fachartikel/ag-gruenden-schritte-zur-gruendung-einer-aktiengesellschaft/

(o.V) **Hilfebreich Facebook:** *Die Facebook-Unternehmen.* 2015. URL: https://www.facebook.com/help/111814505650678

(o.V) **Hilfebereich Twitter:** *Promoted-only Tweets.* 2015. URL: : https://business.twitter.com/de/help/promoted-only-tweets

(o.V) **Lösungen Twitter:** *Werbung auf Twitter.* 2015. URL: https://business.twitter.com/de/solutions

(o.V) **Newsroom Facebook:** *Unternehmensdaten.* 2015. URL: http://newsroom.fb.com/company-info/

(o.V) **Spiegel Online:** *Gigantischer Börsengang: Facebook-Aktien kosten 38 Dollar.* 2012. URL: http://www.spiegel.de/wirtschaft/unternehmen/eroeffnungskurs-von-facebook-bei-38-dollar-pro-aktie-a-833731.html

(o.V) **Spiegel Online:** *Kennzeichnung von Themen: Facebook führt # ein.* 2013. URL: http://www.spiegel.de/netzwelt/web/facebook-fuehrt-hashtags-zur-markierung-von-themen-ein-a-905430.html

(o.V) **Twitter für Unternehmen:** *#TweetSmarter: Kampagne optimieren.* 2015. URL: https://business.twitter.com/de/campaign-guides/optimize

(o.V) **Über Twitter:** *Unternehmen.* 2015. URL: https://about.twitter.com/de/company

Bilderverzeichnis

Facebook Logo: https://www.facebookbrand.com

Twitter Logo: https://about.twitter.com/de/company/brand-assets

Atlas by Facebook Logo: http://geeknewscentral.com/wp-content/uploads/2014/09/Atlas-by-Facebook-logo.png

Instagram Logo: https://www.instagram-brand.com

Jibbigo Logo: http://www.iphonetunes.com/images22/Jibbigo-logo.jpg

Onavo Logo: http://www.onavo.com/press

Parse Logo: https://d0.awsstatic.com/logos/customers/parse-logo.png

Moves Logo: https://dev.moves-app.com/docs/brand_guidelines

Oculus Logo: https://www.oculus.com/en-us/press-kit/

LiveRail Logo: http://www.krux.com/upload/image/customer/LiveRail.svg.png

Whatsapp Logo: https://www.whatsappbrand.com

Seite/ Page von Coldplay: http://scr3.golem.de/screenshots/1203/facebook-pages-timeline/thumb620/Coldplay-Page.jpg

Promoted-Tweet: http://twittersmash.com/wp-content/uploads/2011/07/promoted_tweets_jetblue.jpg

Twitter und Facebook Logo neben einander: https://www.northkoreatech.org/wp-content/uploads/2014/11/twitter_facebook.jpg

US-Dollar Bild in der Grafik: http://positech.co.uk/cliffsblog/wp-content/uploads/2013/02/income.jpg

Doktorhut in der Grafik: https://strommestiftelsen.no/image/icon-education.png?w=1170&h=

Twitter Nutzung am Smartphone in der Grafik: http://guardianlv.com/wp-content/uploads/2014/04/Twitter-Users-Are-Not-Tweeting1.jpg